Offert à la Bibliothèque Nationale
par Monsieur Léonce Chamouïn
petit fils, d'un des Collaborateurs
de cet ouvrage —
Juin 1906

Donné par M. L. Chamouïn
avenue Alex. Dumas
à Champigny. (Romerie)

4° G
1030

ATLAS

OU

RECUEIL

DES CARTES GÉOGRAPHIQUES

PUBLIÉES

PAR P. F. J. GOSSELLIN,

ANCIEN MEMBRE DE L'ACADÉMIE ROYALE DES INSCRIPTIONS ET BELLES-LETTRES;
MEMBRE DE L'INSTITUT DE FRANCE, DE LA LÉGION D'HONNEUR; L'UN DES
CONSERVATEURS-ADMINISTRATEURS DE LA BIBLIOTHÈQUE DU ROI; ASSOCIÉ
ÉTRANGER DE L'ACADÉMIE DE GŒTTINGUE.

A PARIS,

DE L'IMPRIMERIE ROYALE.

1814.

TITRES ET ORDRE DES CARTES.

N.os des FEUILLES	SYSTÈMES GÉNÉRAUX.	N.os des CARTES
1	ORBIS VETERIBUS NOTI, veris limitibus circumscripti, Specimen geographicum....................................	XIX
2	ERATOSTHENIS Systema geographicum, 1789...........	I
3	Système géographique d'ÉRATOSTHÈNES, 1803..........	I
4	ERATOSTHENIS Systema geographicum stereographicæ projectioni subjectum, 1789............................	II
5	HIPPARCHI Systema geographicum, 1793..............	I
6	Système géographique d'HIPPARQUE, 1803...........	II
7	HIPPARCHI Systema geographicum projectioni ejus subditum, 1793.................................	II
8	POLYBII Internum mare, 1792.....................	I
9	Mer Intérieure ou Méditerranée, selon POLYBE, 1803...	III
10	Hémisphère septentrional selon l'hypothèse de STRABON.. Le Continent placé dans le quadrilatère indiqué par STRABON. Étendue et disposition des Zones suivant STRABON......	1 2 3
11	STRABONIS Systema geographicum, 1789.............	III
12	Système géographique de STRABON, 1803............	V
13	Internum mare seu Mediterraneum STRABONIS, 1789......	IV

N.os des FEUILLES	SUITE DES SYSTÈMES GÉNÉRAUX.	N.os des CARTES
14	*Marini Tyrii Systema geographicum*, 1791..........	II
15	Triangles tracés par Ptolémée, pour construire sa carte de l'Inde.......	I
	Triangles tracés par Marin de Tyr, pour construire sa carte de l'Inde...	II
16	*Ptolemæi Systema geographicum*, 1789.............	V
17	*Interius mare juxta Ptolemæum*, 1789.............	VI
18	*Interius mare ex Tabulis Ptolemaïcis, ad mentem nostram castigatis*, 1789.............................	VII

EUROPE.

19	Pour les Recherches sur le *Fretum Herculeum*, et sur *Tartessus*, *Gadir* et *Gades*................	I
20	Europæi litoris occidentales et septentrionales oræ, ex Herodoto, Pytheâ, Hecatæo, Philemone, Timæo, Eratosthene, Xenophonte Lampsaceno, Plinio et Avieno....	II
	Europæi litoris occidentales et septentrionales oræ, ex Strabone....................	III
	Europæi litoris occidentales et septentrionales oræ, ex Tabulis Ptolemæi..................	IV
21	Iberici litoris oræ occidentales et septentrionales, ex Tabulis Ptolemæi..................	V
	Pour les Recherches sur les côtes occidentales et septentrionales de l'Ibérie..................	VI
22	*Celto-Galatici litoris ora occidentalis, ex Tabulis Ptolemæi*...........................	VII
	Pour les Recherches sur les côtes occidentales de la Gaule................................	VIII

N.os des FEUILLES	SUITE DE L'EUROPE.	N.os des CARTES
23	CELTO-GALATICI TRACTÛSQUE GERMANICI LITORIS ORÆ SEPTENTRIONALES, ex Tabulis Ptolemæi............	IX
	Pour les Recherches sur les CÔTES SEPTENTRIONALES DE LA GAULE ET D'UNE PORTION DE LA GERMANIE.....	X
24	Pour les CÔTES DE LA GERMANIE ET DE LA SCYTHIE, d'après Hérodote, Pythéas, Timée de Sicile, Hécatée, Philémon, Xénophon de Lampsaque et Pline........	XI
	Pour les CÔTES DE LA GERMANIE ET DE LA SARMATIE, d'après Tacite................................	XII
25	GERMANICI ET SARMATICI LITORIS ORÆ, ex Tabulis Ptolemæi.....................................	XIII
	Pour les CÔTES DE LA GERMANIE ET DE LA SARMATIE, de Ptolémée.................................	XIV
26	INSULARUM BRITANNICARUM ORÆ, ex Tabulis Ptolemæi.	XV
	Pour les Recherches sur les ÎLES BRITANNIQUES........	XVI

AFRIQUE.

27	Pour l'examen des prétendus voyages des anciens autour de l'AFRIQUE.................................	X
28	Pour les Recherches sur le Périple d'HANNON.........	III
	Pour les Recherches sur le Périple de POLYBE.........	IV
29	Pour les Recherches sur les CÔTES OCCIDENTALES DE L'AFRIQUE de Ptolémée, et sur les ÎLES connues par les anciens dans l'océan Atlantique..................	V
	CÔTES OCCIDENTALES DE L'AFRIQUE, selon Ptolémée...	VI

N.os des FEUILLES	SUITE DE L'AFRIQUE.	N.os des CARTES
30	*ORIENTALIUM AFRICÆ PARTIUM ex hodiernis Ptolemæi Tabulis, delineatio duplex; prior, lineis expressa, ex Tabulis græcis; altera, punctis exarata, ex Tabulis latinis* ...	VII
	ORIENTALES AFRICÆ PARTES, ad veram Ptolemæi delineationem ex ejusdem Prolegomenis restitutæ	VIII
	Pour les Recherches sur les CÔTES ORIENTALES DE L'AFRIQUE	IX

AFRIQUE ET ASIE.

31	*SINUS ARABICUS, ex Tabulis hodiernis Ptolemæi*	IV
	Pour les Recherches sur le GOLFE ARABIQUE	V

ASIE.

32	*ARABIÆ PARS juxta Ptolemæum*	I
	Pour les Recherches sur les CÔTES MÉRIDIONALES DE L'ARABIE	II
33	*SINUS PERSICUS, ex Tabulis Ptolemaïcis*	III
	Pour les Recherches sur le GOLFE PERSIQUE	IV
34	*CARMANIÆ ET GEDROSIÆ PARTES MERIDIONALES, ex Tabulis Ptolemaïcis*	V
	Pour les Recherches sur les CÔTES DE LA GÉDROSIE	VI
35	Pour les MESURES GÉNÉRALES DE L'INDE, recueillies par Mégasthènes, Déimaque, Patrocles, Ératosthènes, Artémidore, Diodore, Agrippa, Pline, Marin de Tyr et Ptolémée	VII

N.os des FEUILLES	SUITE DE L'ASIE.	N.os des CARTES
36	PARTIES ORIENTALES DE L'ASIE, selon les plus anciens géographes de l'École d'Alexandrie ; d'après leur fausse évaluation des mesures recueillies par Mégasthènes, Déimaque et Onésicrite............................	VIII
	PARTIES ORIENTALES DE L'ASIE, selon l'hypothèse d'Ératosthènes, suivie par Strabon, Pomponius Méla, Pline, Solin, Æthicus, Paul Orose, Martianus Capella, l'Anonyme de Ravenne et Isidore de Séville.............	IX
37	INDIA MARINI TYRII, ex Prolegomenis Ptolemæi enucleata..	X
	INDIA PTOLEMÆI, ex Prolegomenis ejus eruta..........	XI
	INDIA ex hodiernis Tabulis Ptolemaïcis................	XII
38	PARS INDIÆ MARITIMÆ juxta Marinum Tyrium et Ptolemæum.......................................	XIII
	Pour les Recherches sur les CÔTES DE L'INDE.........	XIV
39	PARS INDIÆ MARITIMÆ juxta Marinum Tyrium.......	XV
	Pour les ITINÉRAIRES DE MARIN DE TYR, depuis le promontoire *Cory* jusqu'à *Palura*.....................	XVI
	Pour les ITINÉRAIRES DE MARIN DE TYR, depuis *Palura* jusqu'au Gange................................	XVII
	Pour les Recherches sur les CÔTES DE L'INDE.........	XVIII
40	AUREA CHERSONESUS ET SINARUM REGIO, ex Tabulis hodiernis Ptolemæi................................	XIX
	Pour les Recherches sur LA CHERSONÈSE D'OR ET LE PAYS DES SINES, des Tables actuelles de Ptolémée........	XX
41	PARS ASIÆ SUPERIORIS, ex Tabulis Ptolemæi, ad ejus Prolegomenorum principia emendatis....................	XVII
	Pour les Recherches sur la SÉRIQUE des anciens.......	XVIII

N.os des FEUILLES	SUITE.	N.os des CARTES
42	Roses des Vents des Grecs et des Romains, comparées à la Rose des Modernes.	
1*	*Terram secundùm Strabonis hypothesim habitatam, et ad ejus rationes (quantùm fieri potuit) accommodatam, sic delineare conatus est d'Anville,* &c. (*Editio tertia,* 1789.).	x
2*	*Arabiæ pars juxta Ptolemæum*..................... Pour les Recherches sur les Côtes méridionales de l'Arabie. (I.ère édition.).........................	I II
3*	Parties orientales de l'Asie, selon l'hypothèse d'Ératosthènes; pour servir aux Recherches sur la Sérique des anciens, et sur l'océan Oriental d'Ératosthènes, de Strabon, de Pomponius Méla, de Pline, de Solin, de Paul Orose, d'Æthicus, de Martianus Capella, de l'Anonyme de Ravenne et d'Isidore de Séville. (I.ère édition.).	I
4*	*Ptolemaïca Indiæ descriptio in parte maritimâ,* 1789...	VIII
5*	Pour la Recherche sur la Chersonèse d'Or et sur *Thinæ,* 1789. (I.ère édition.).............................	IX

En tout 75 Cartes en 47 Feuilles.

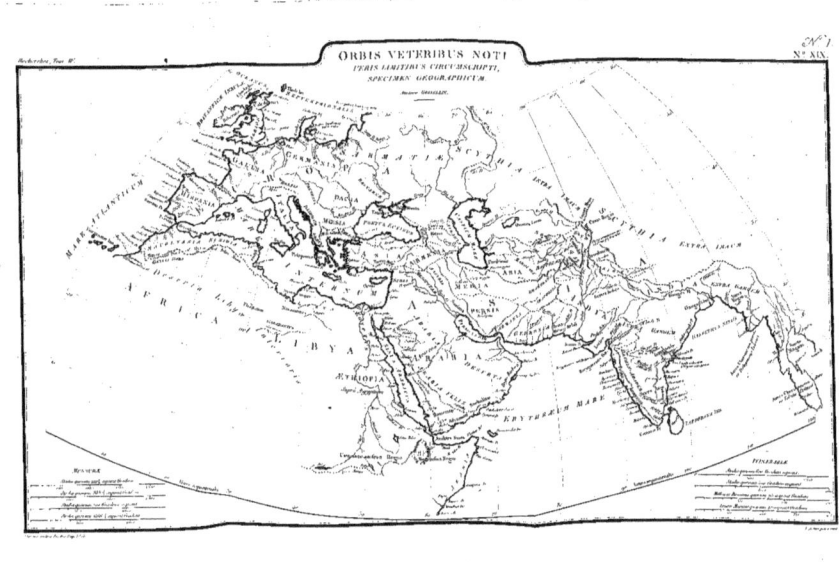

ERATOSTHENIS SYSTEMA GEOGRAPHICUM

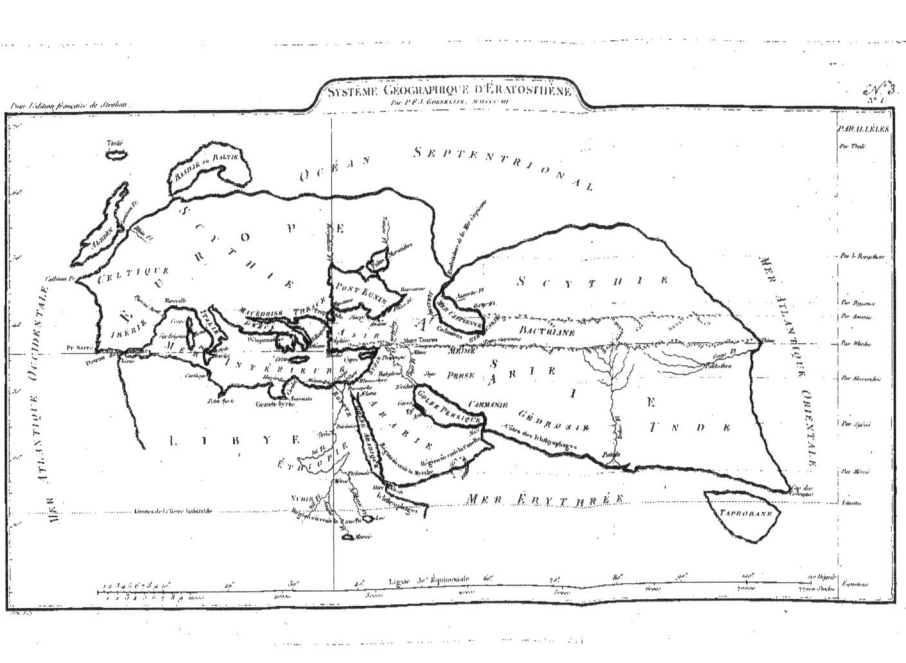

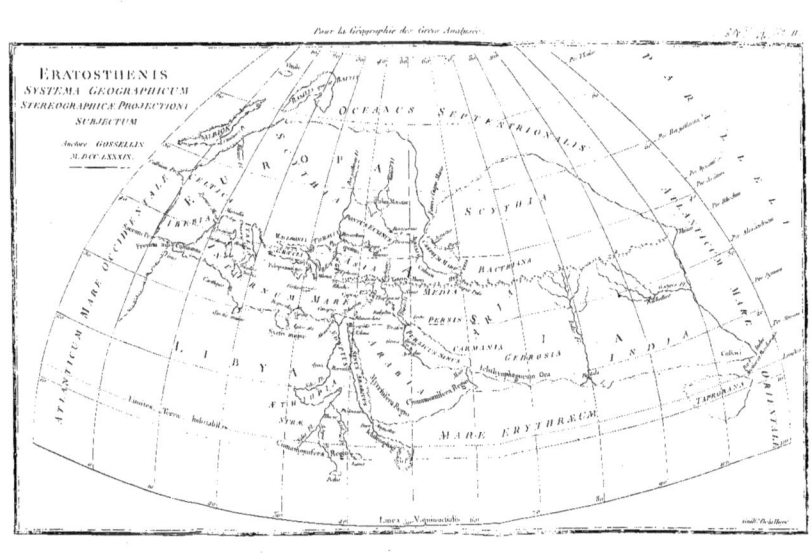

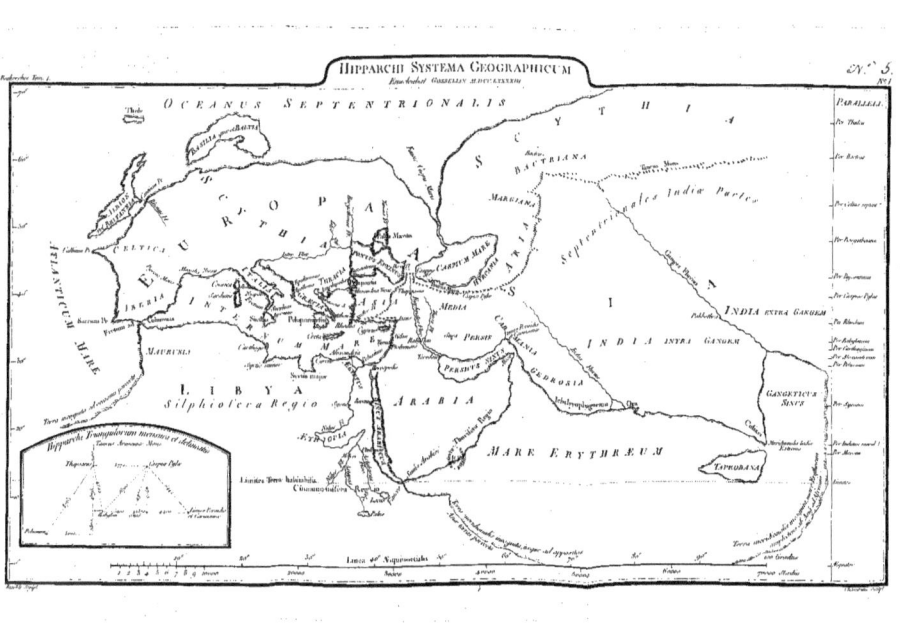

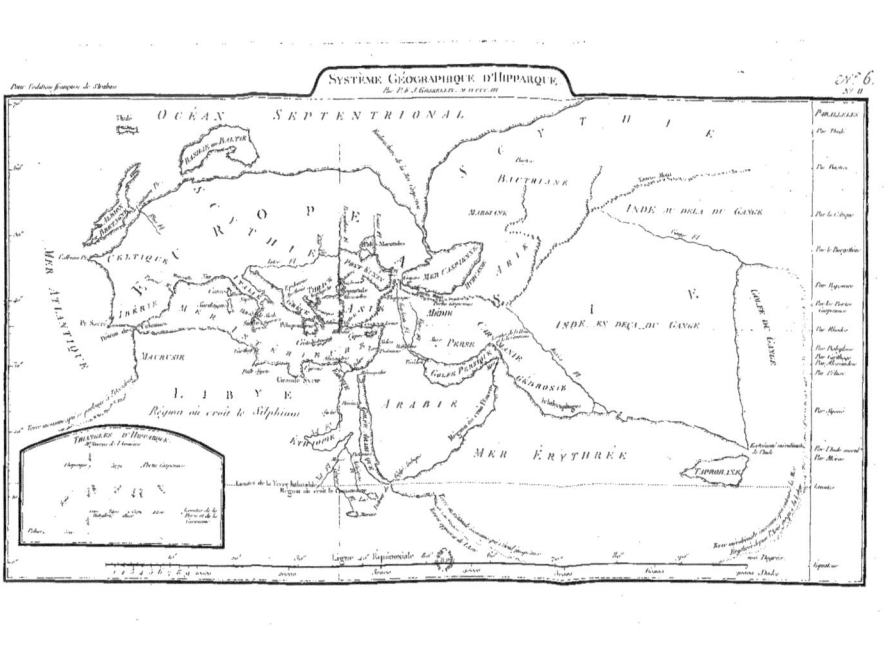

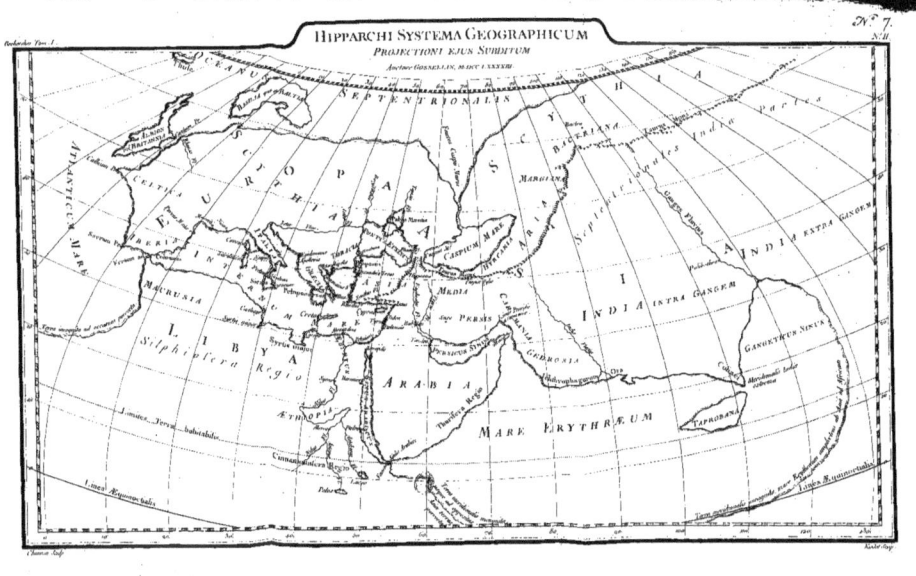

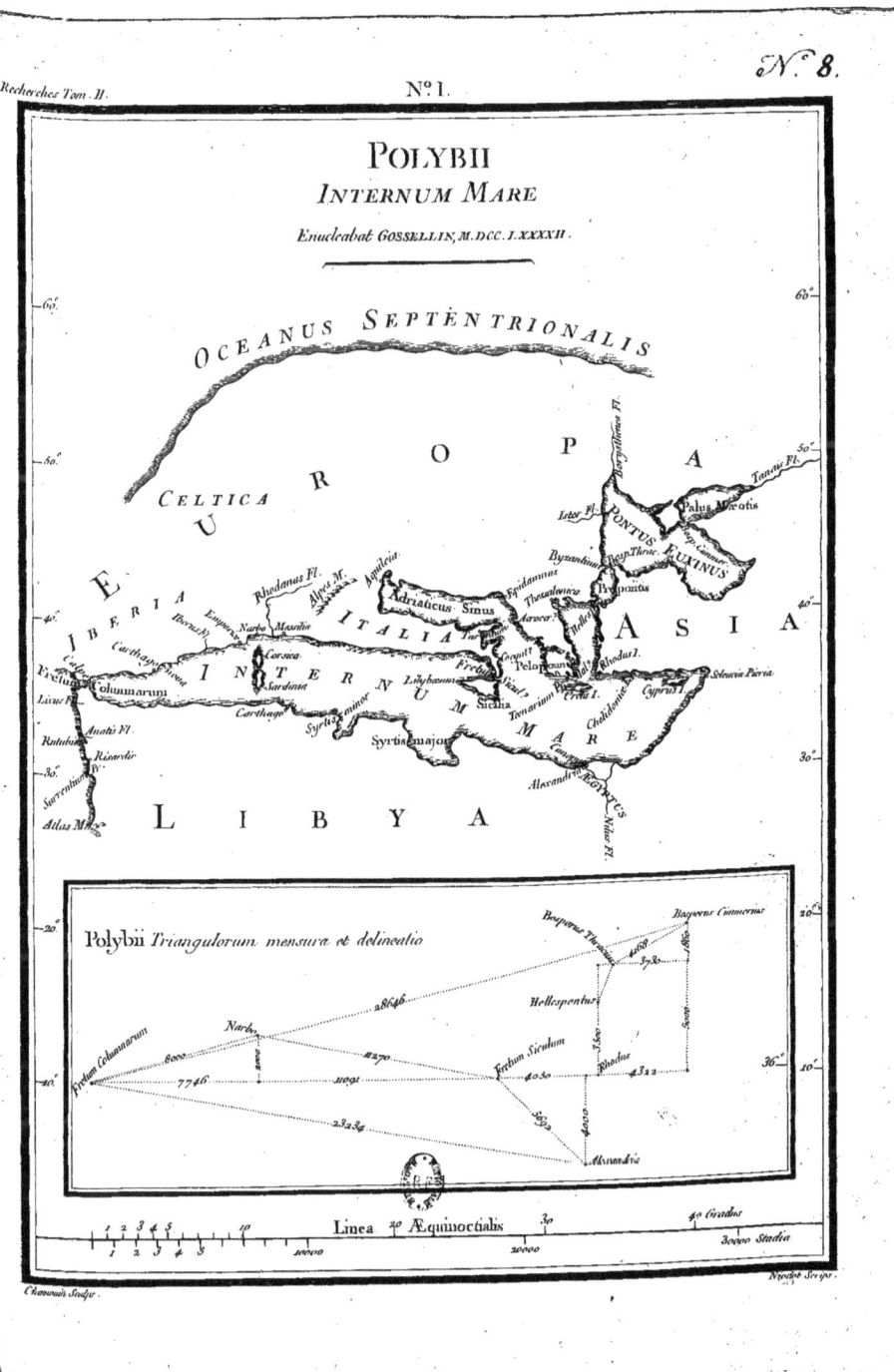

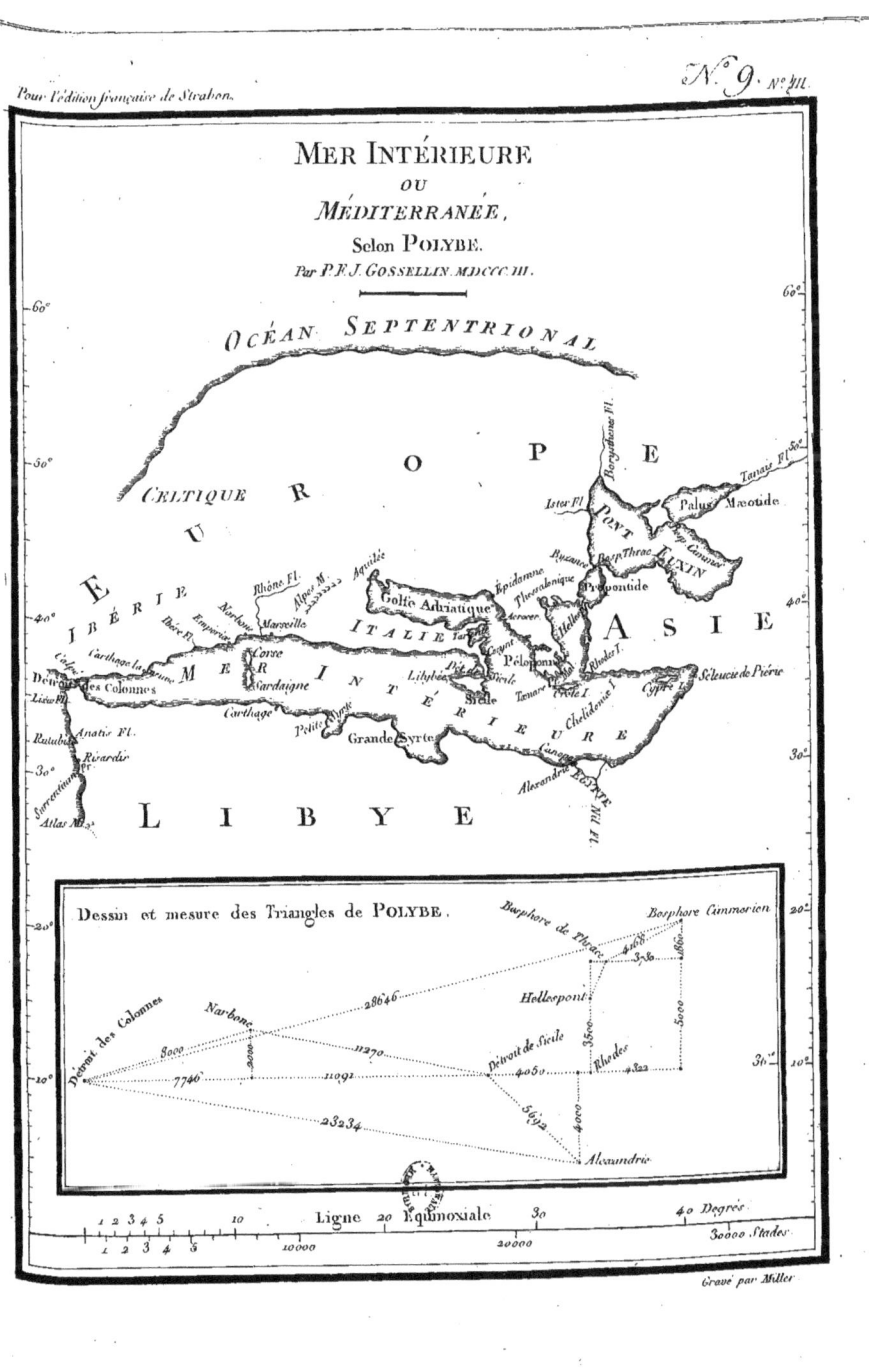

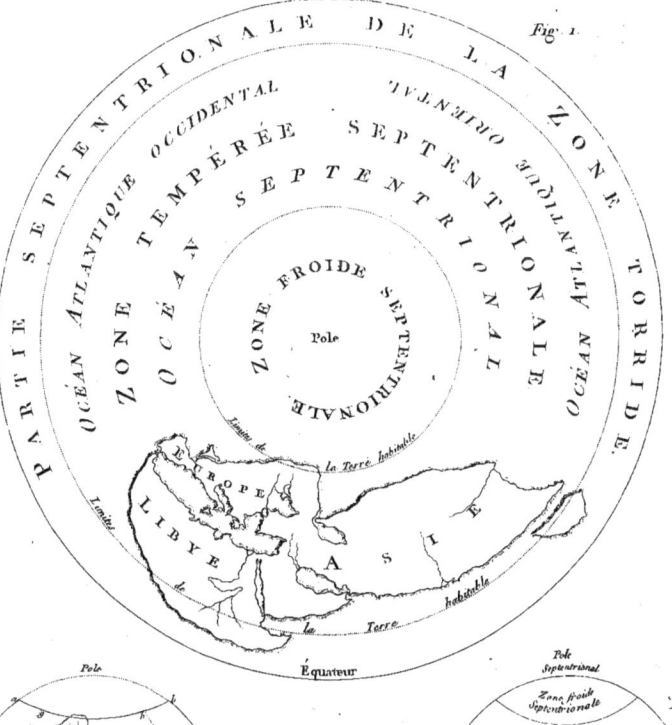

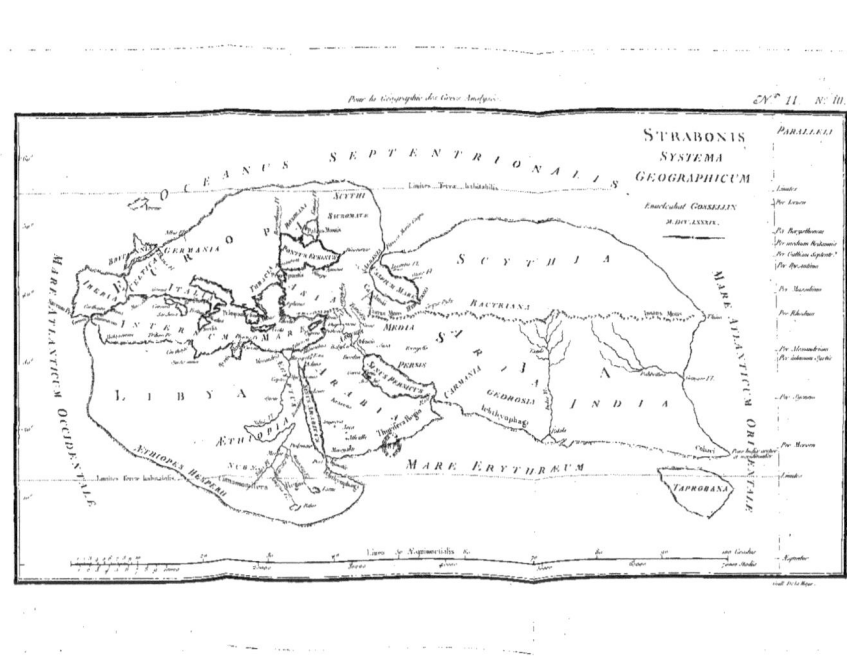

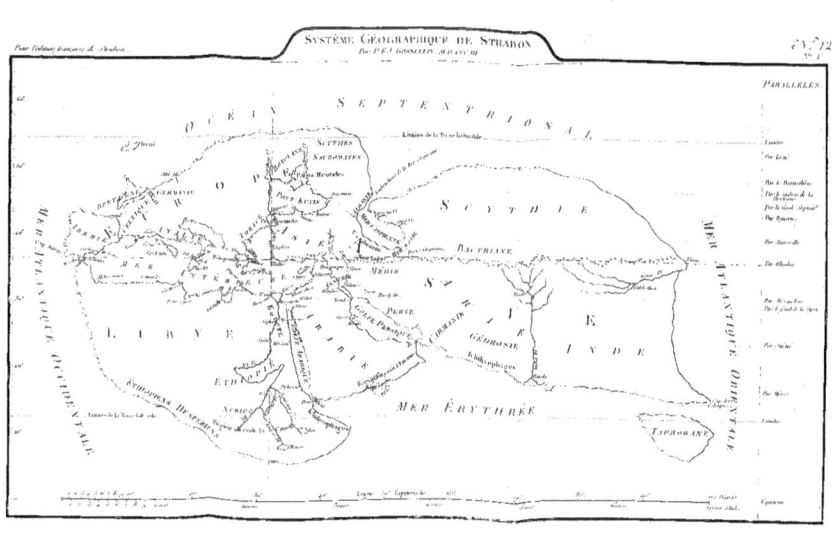

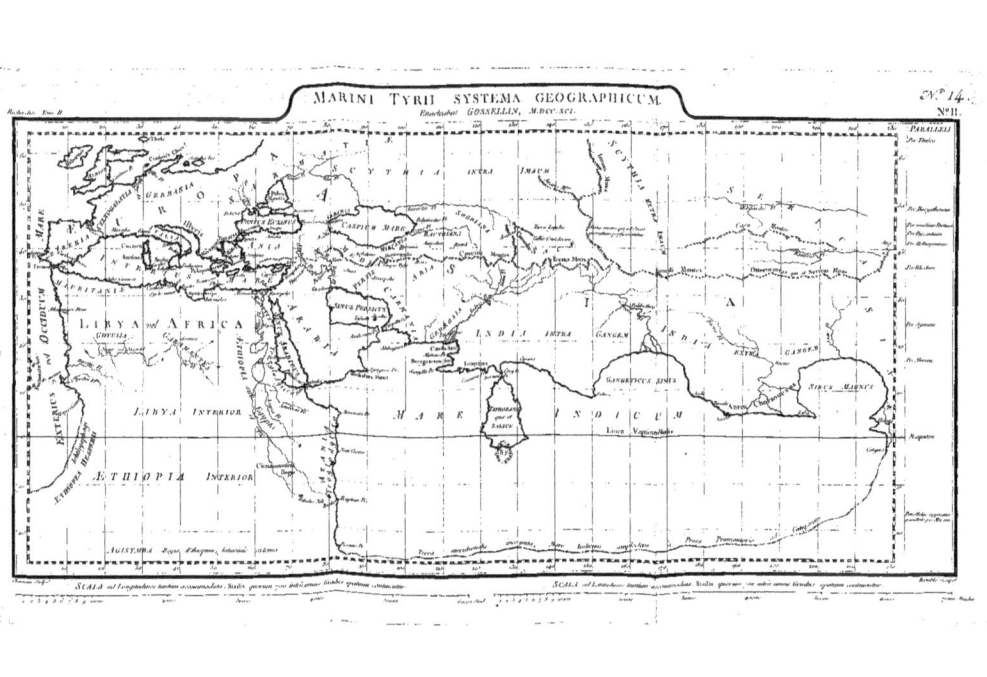

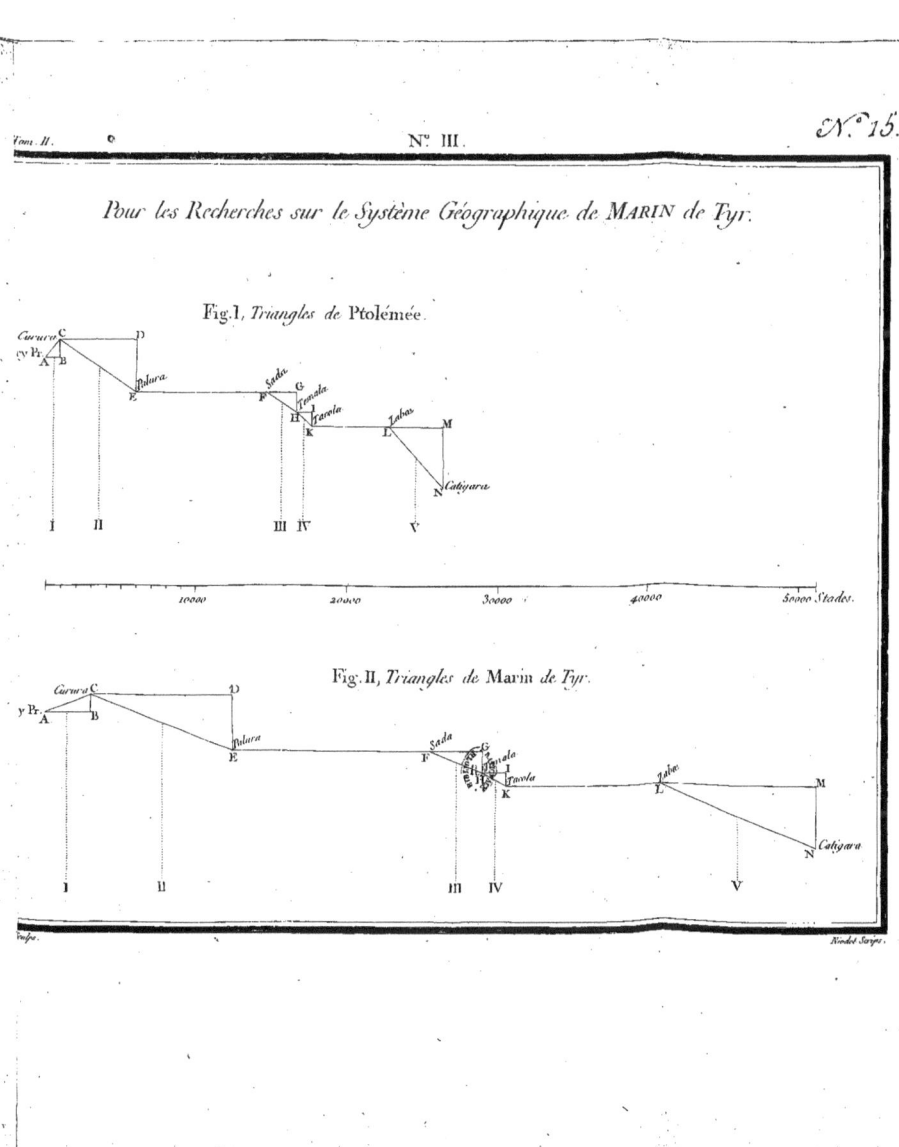

Pour les Recherches sur le Système Géographique de MARIN de Tyr.

Fig. I, Triangles de Ptolémée.

Fig. II, Triangles de Marin de Tyr.

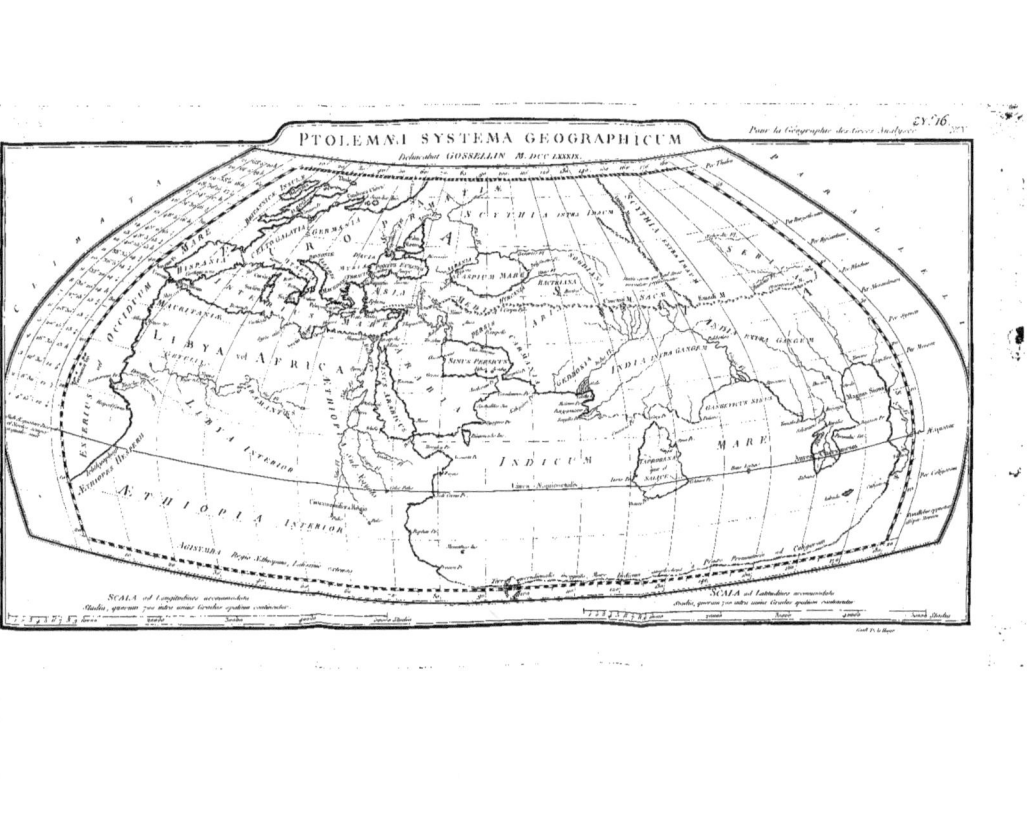

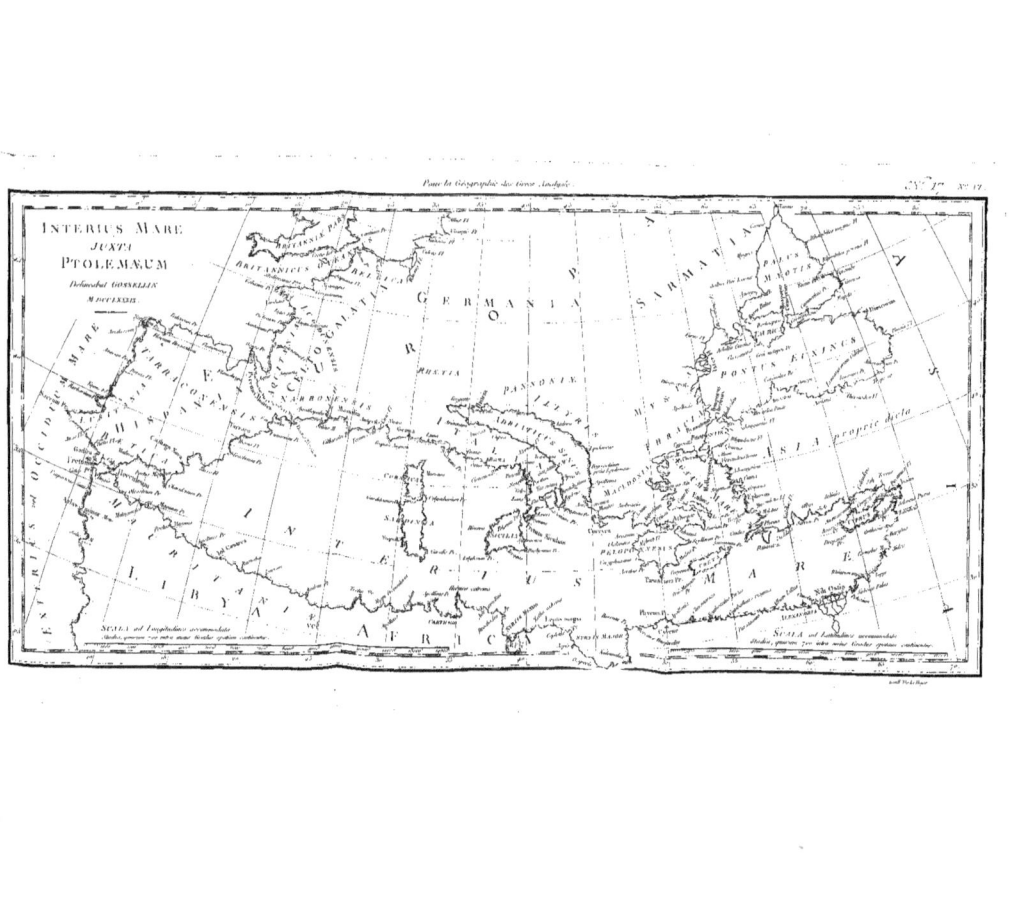

POUR
LES RECHERCHES
SUR
LE FRETUM HERCULEUM
ET SUR
TARTESSUS, GADIR ET GADES.
Par P.F.J. Gosselin.

FRETUM HERCULEUM et COLUMNARUM
DÉTROIT DE GIBRALTAR

Les Noms anciens sont en caractères Romains, les Noms modernes, en caractères Italiques.

No. 20.

EUROPÆI LITORIS
OCCIDENTALES ET SEPTENTRIONALES
ORÆ
ex Herodoto, Pythea, Hecatæo, Philemone, Timæo,
Eratosthene, Xenophonte-Lampsaceno,
Plinio et Avieno.

N.º III.
EUROPÆI LITORIS
OCCIDENTALES ET SEPTENTRIONALES
ORÆ
ex Strabone

N.º IV.
EUROPÆI LITORIS
OCCIDENTALES ET SEPTENTRIONALES
ORÆ
ex Tabulis Ptolemæi

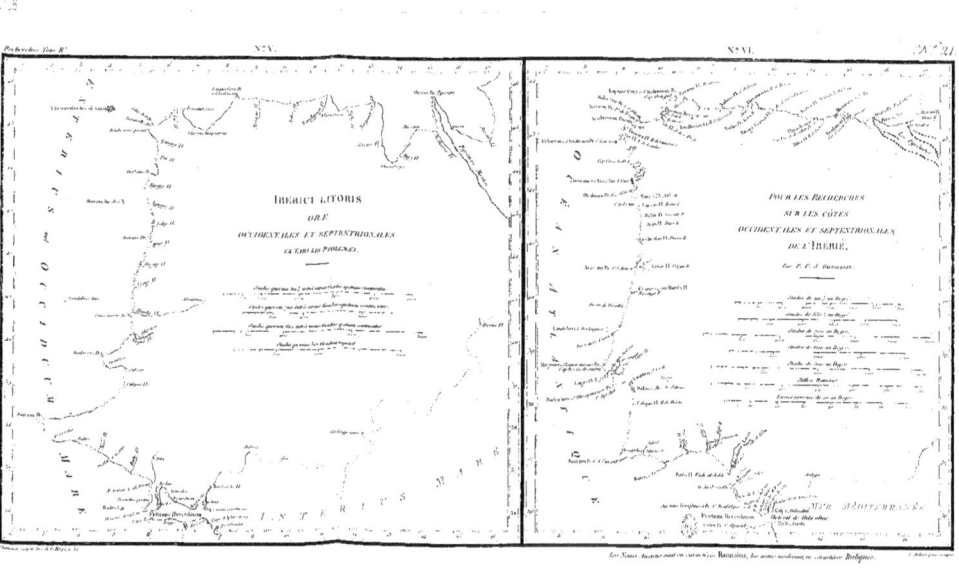

N.º VII.

CELTO-GALATICI LITORIS
ORA OCCIDENTALIS
EX TABULIS PTOMEMAEI

N.º VIII.

POUR
LES RECHERCHES
SUR
LES CÔTES OCCIDENTALES
DE LA GAULE,
Par P. F. J. GOSSELLIN.

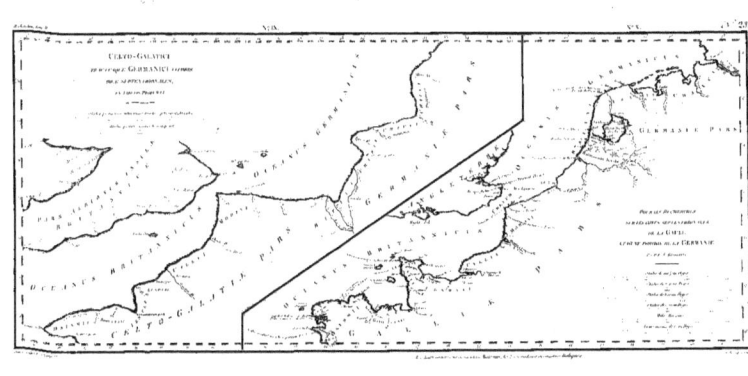

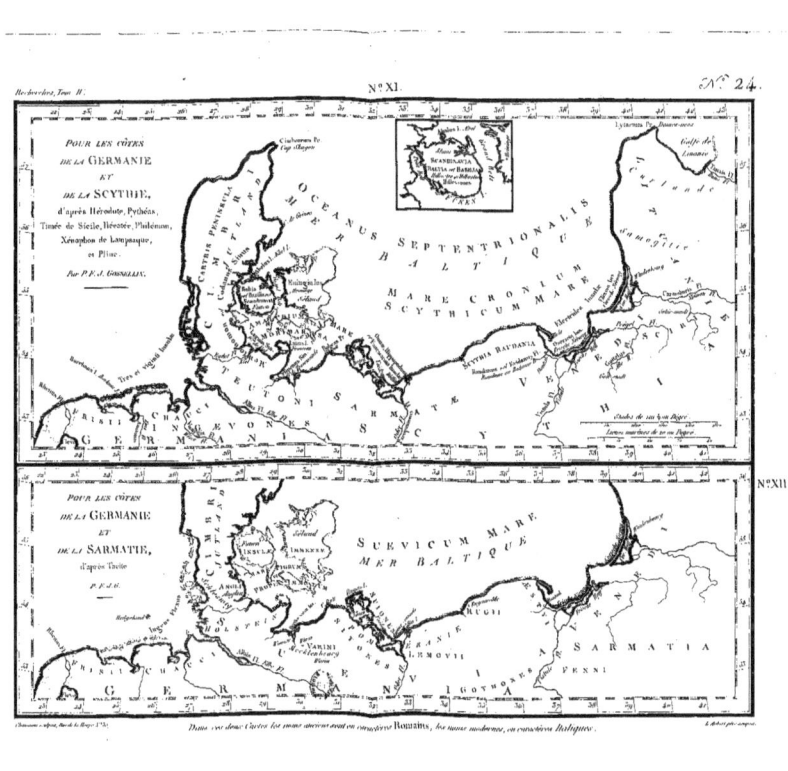

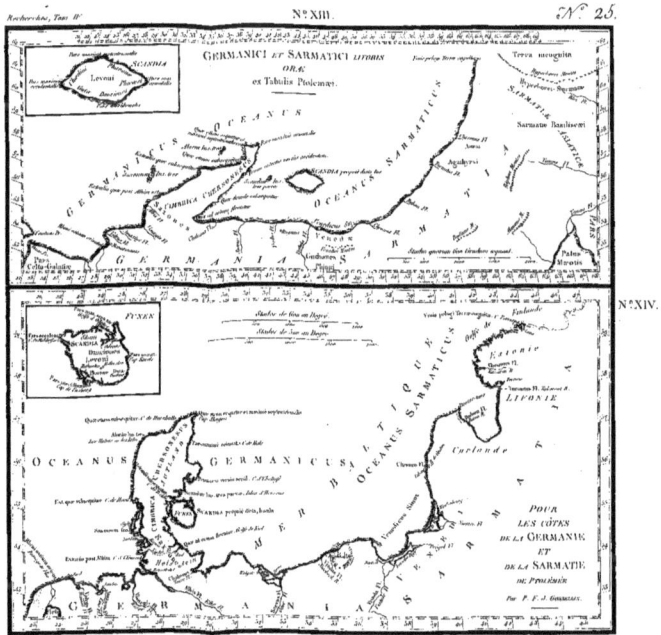

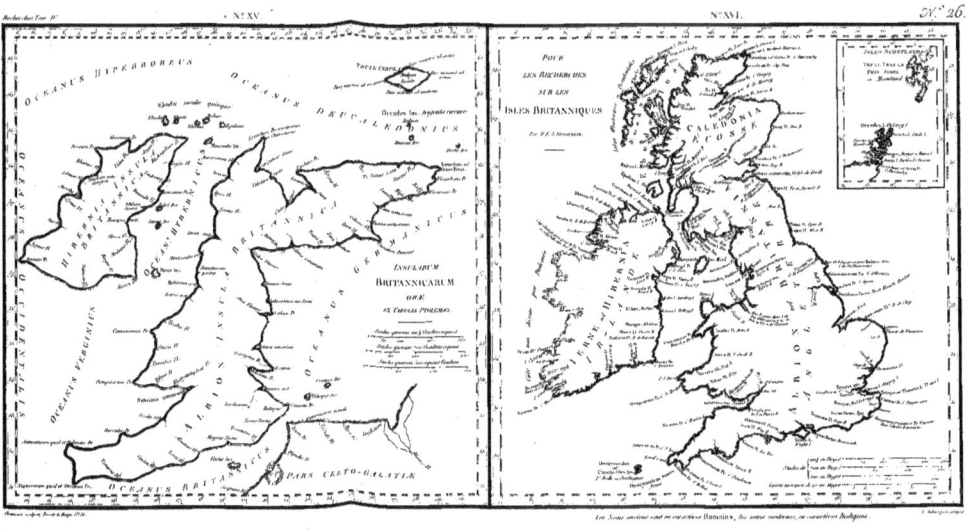

Recherches Tom. I

N° V. N° VI. N° 29.

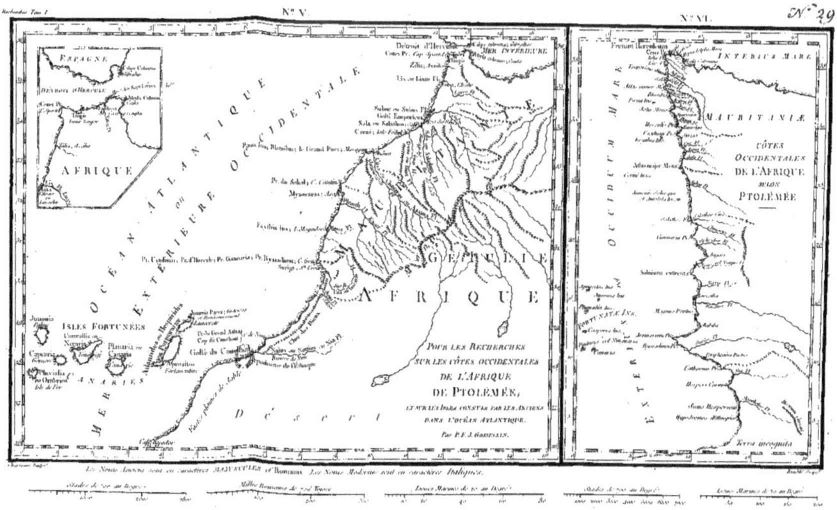

Les Noms Anciens sont en caractères MAJUSCULES et Romains. Les Noms Modernes sont en caractère Italiques.

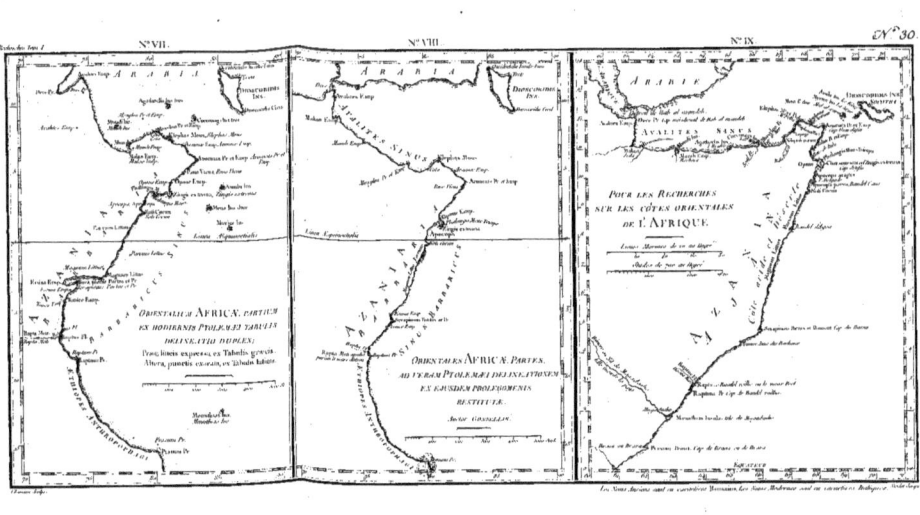

N.° IV

SINUS ARABICUS
EX TABULIS MODERNIS
PTOLEMÆI

N.° V

POUR LES RECHERCHES
SUR LE
GOLFE ARABIQUE.
Par P.F.J. GOSSELLIN.

N° 32.

ARABIÆ
PARS
JUXTA PTOLEMÆUM.

POUR LES RECHERCHES
SUR
LES CÔTES MÉRIDIONALES
DE L'ARABIE,
Par P. J. GOSSELIN.

N.º 1.

ARABIÆ PARS JUXTA PTOLEMÆUM.

N.º II.

POUR LES RECHERCHES SUR LES CÔTES MÉRIDIONALES DE L'ARABIE, Par P. F. J. Gosselin.

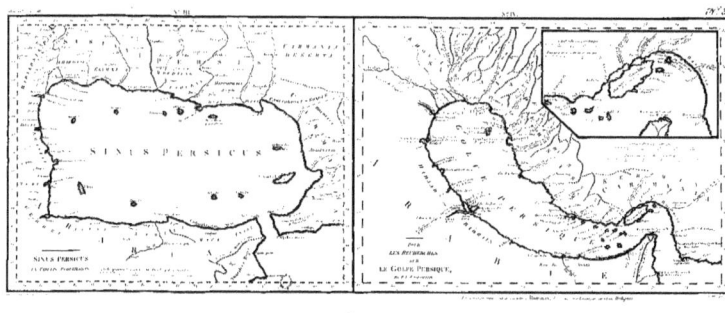

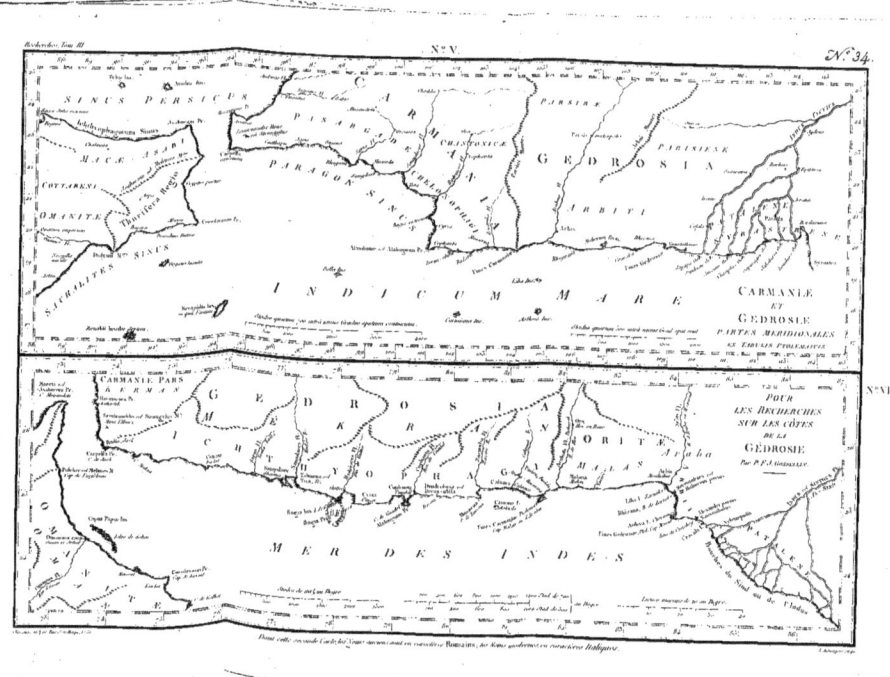

POUR LES MESURES GÉNÉRALES DE L'INDE,
RECUEILLIES
Par Mégasthènes, Déimaque, Patrocles, Eratosthènes, Artemidore,
Diodore, Agrippa, Pline, Marin de Tyr et Ptolémée.

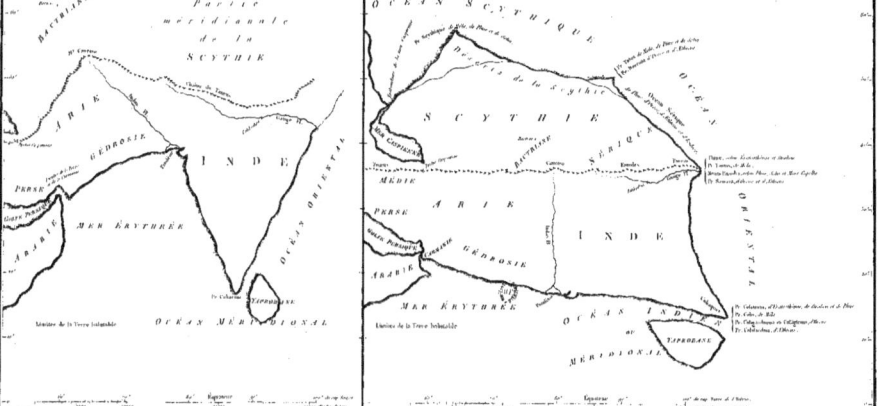

N° XIII.

N° XIV.

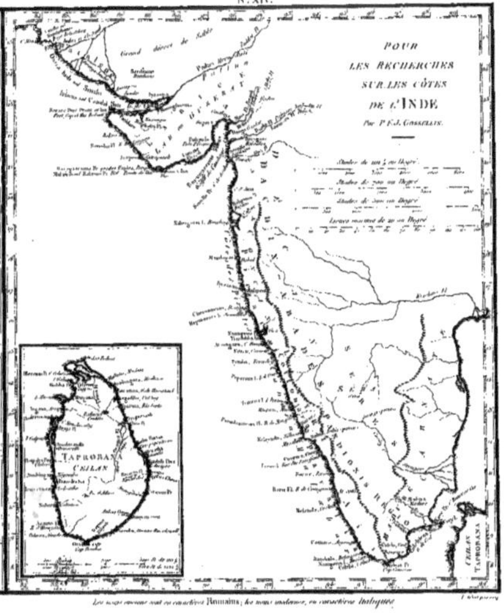

Les noms anciens sont en caractères Romains ; les noms modernes, en caractères Italiques.

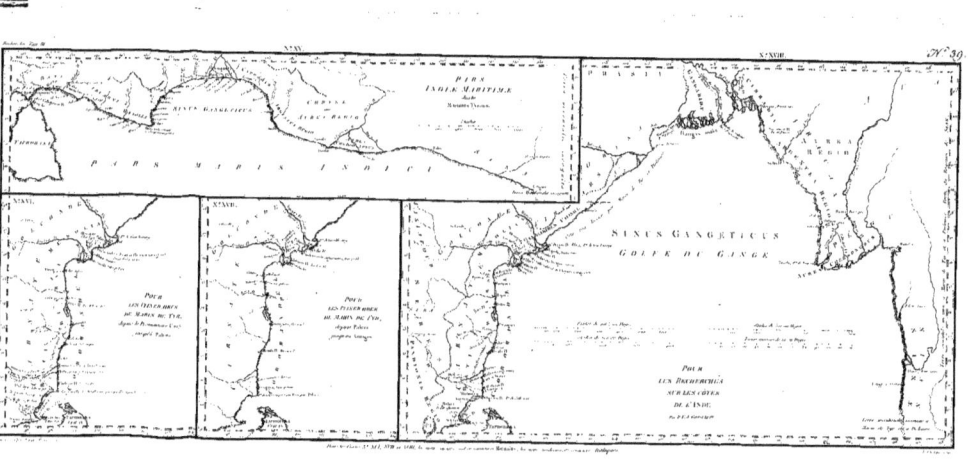

No XIX.   No XX.   No 40.

AUREA CHERSONESUS
ET
SINARUM REGIO
ex Tabulis hactenus
PTOLEMÆI

POUR LES RECHERCHES
SUR
LA CHERSONÈSE D'OR
ET
LE PAYS DES SINES,
des Tables actuelles de Ptolémée.
Par P. F. J. GOSSELIN.

N.° XVII.

PARS
ASIÆ SUPERIORIS
EX TABULIS
PTOLEMÆI,
AD EJUS
PROLEGOMENORUM
PRINCIPIA
EMENDATIS.

POUR
LES RECHERCHES
SUR
LA SÉRIQUE
DES ANCIENS,
Par P. F. J. GOSSELLIN.

Dans cette seconde Carte les Noms Anciens sont en caractères Romains, les Noms Modernes sont en caractères Italiques.

ROSES DES VENTS

DES GRECS ET DES ROMAINS,

COMPARÉES

À LA ROSE DES MODERNES.

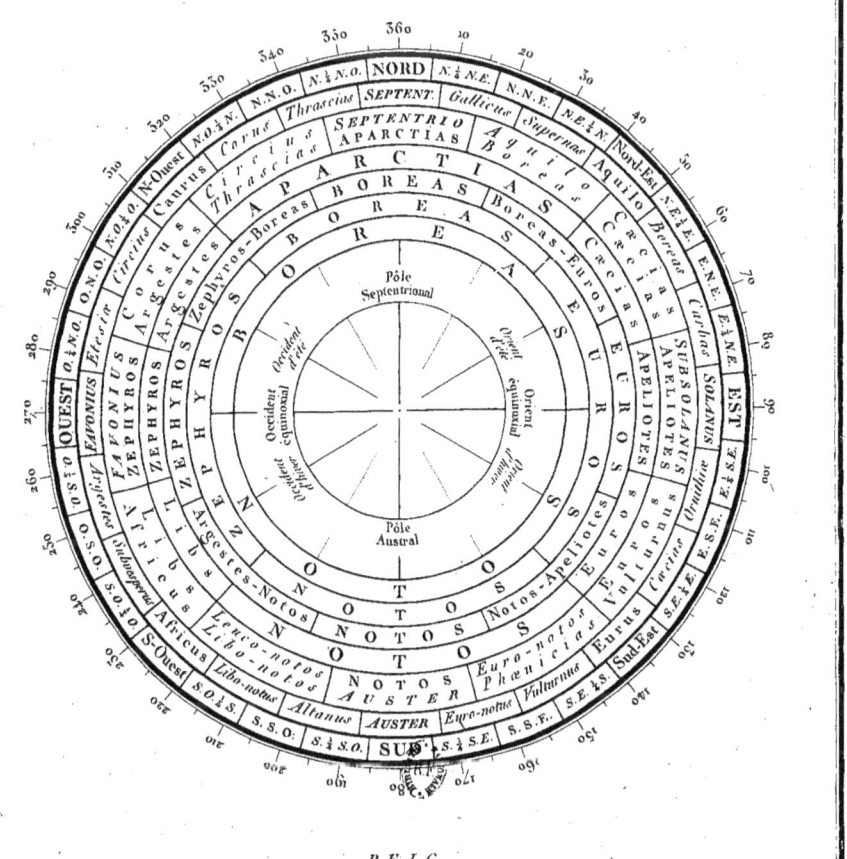

P. F. J. G.

Pour la Géographie des Grecs Analysée.   *I.*   N.º X.

TERRAM secundum STRABONIS hypothesim HABITATAM,
Id ind quae rationes hypothesim sieri potuit ; accommodatam,
sic delineare conatus est
D'ANVILLE, *Geogr. Regis primarius,*
Regiae Humaniorum Literarum eiusque Scientiarum Academiae Socius.

OCEANUS SEPTENTRIONALIS

Hibernia
BRITANNIA
GERMANIA
BOSOLANI
SAUROMATAE
Corpus Mare
Cassiterides ins.
CELTICA
GETAE
ILLYRICUM
PONTUS EUXINUS
CASPIUM MARE
SCYTHIA
Artabrum pr.
THRACIA
ARMENIA
IBERIA
ASIA INTRA TAURUM
BACTRIANI
Taurus Mons
ARIA
MEDIA
ASIA EXTRA TAURUM
Thinarum Parallelus

ATLANTICUM MARE
MAURUSII
TEBNUM
NUMIDIA
Carthago
AEGYPTUS
Babylon
Paropamisus
GEDROSIA Superior
CARMANIA
INDIA
Palibothri

LIBYA vel AFRICA
AETHIOPIA
ARABIA
Ichthyophagi

Thebae
AETHIOPES
Cinnamomifera Re.
TAPROBANA
Extremum Indiae Oceanus Meridion.

Parallelus Terram habitabilem, ab iis quae propter aestum, habitari nequit.

Linea Æquinoctialis

Tabula hac, in aere prius incisa fuit anno 1780, secundum 1776.   *Guill. De la Haye 1789.*

OCEANUS ORIENTALIS

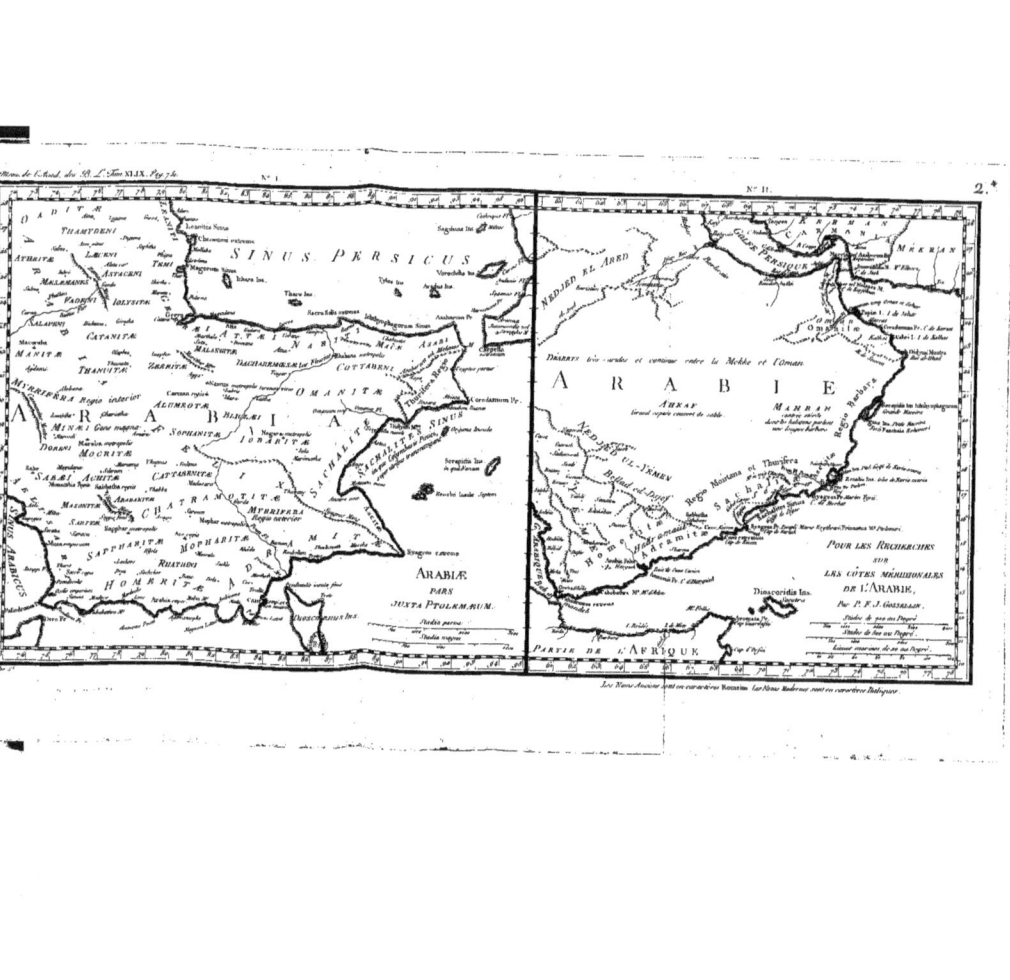

PARTIES ORIENTALES DE L'ASIE,

SELON L'HYPOTHÈSE D'ÉRATOSTHÈNES.
Pour servir aux Recherches
SUR LA SÉRIQUE DES ANCIENS,
et sur
L'OCÉAN ORIENTAL
d'Ératosthènes, de Strabon,
de Pomponius Méla, de Pline, de Solin,
de Paul Orose, d'Éthicus, de Martianus Capella,
de l'Anonyme de Ravenne, et d'Isidore de Séville.

Par P.F.J. Gosselin.

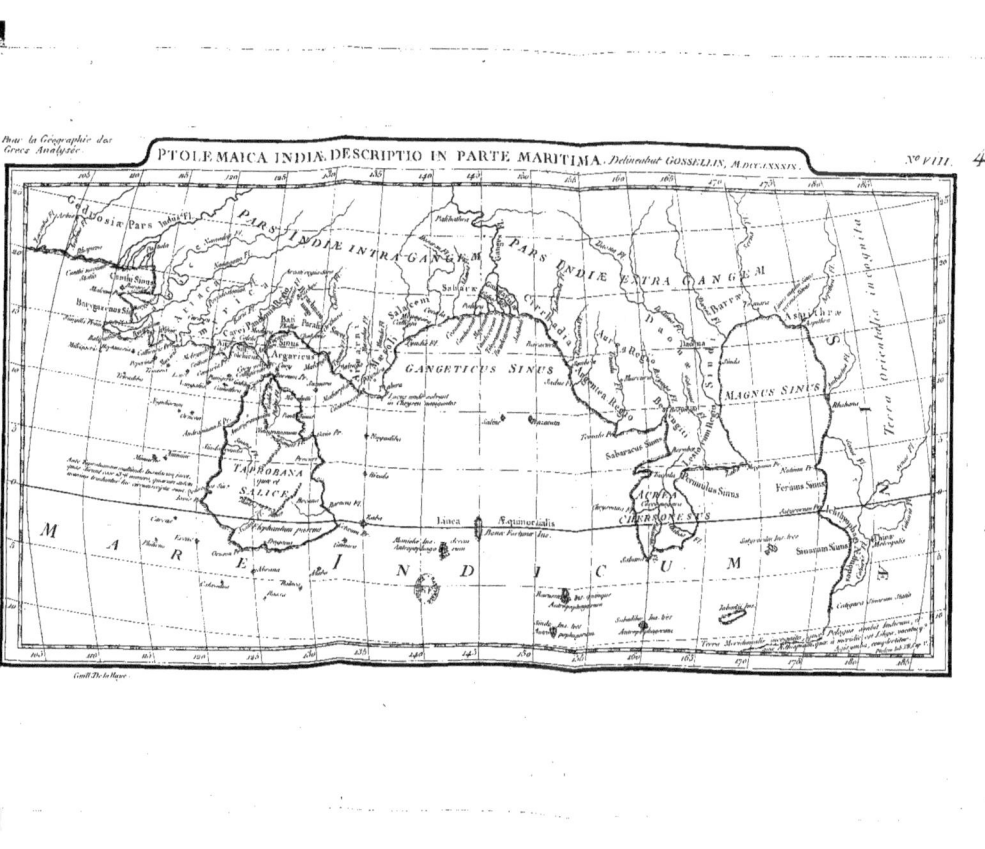

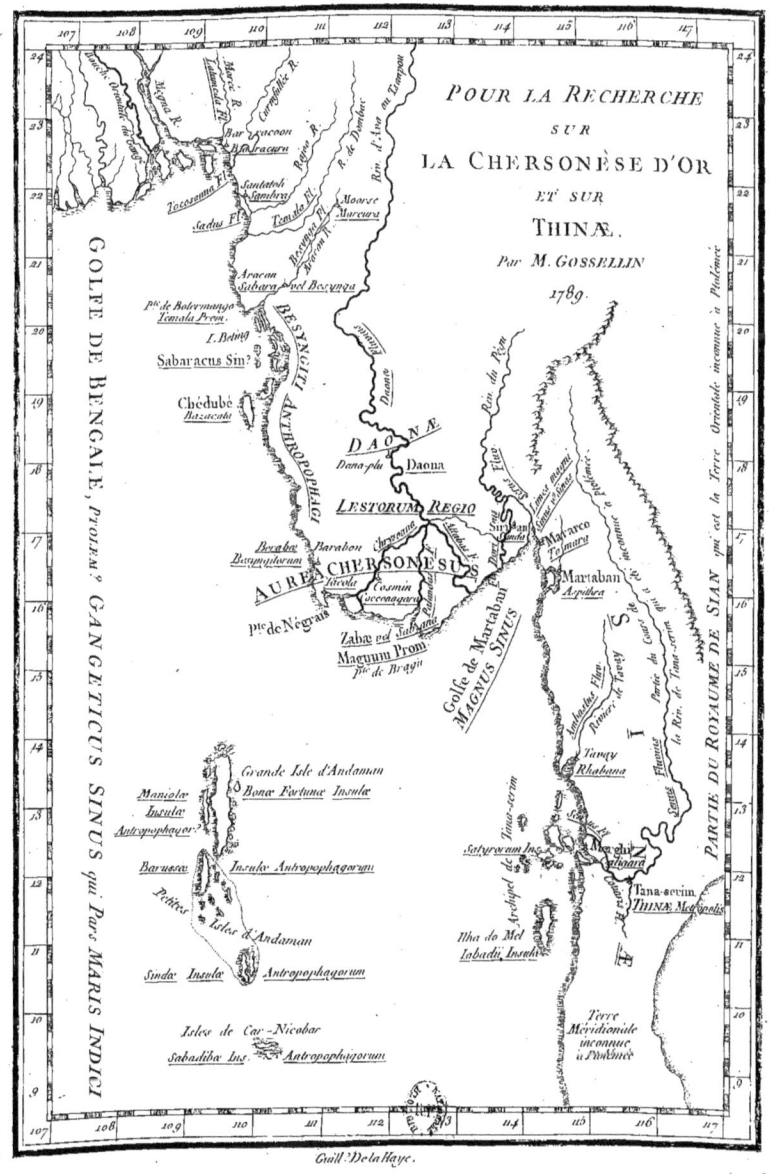

www.ingramcontent.com/pod-product-compliance
Lightning Source LLC
Chambersburg PA
CBHW070518100426
42743CB00010B/1855